APERÇU

SUR

LE BUDJET DE 1817.

APERÇU

SUR

LE BUDJET DE 1817.

———

Suivant le budjet de 1816, les dépenses ordinaires s'élèvent à 548 millions. — Les recettes ordinaires à 570,454,940 fr. — Il paroîtroit possible de convertir en recettes ordinaires celles dont on va établir l'état, et qui sont comprises dans le même budjet parmi les recettes extraordinaires.

1° Centimes additionnels perçus comme en 1815. . . . . 76,283,181 fr.

2° Dix cent. sur le principal du personnel et mobilier. 2,728,900

3° Augmentation sur les douanes. 20,000,000

4° Augmentation sur le timbre et l'enregistrement. 26,000,000

125,012,081

En ajoutant le montant des 570,454,940 fr. énoncés ci-dessus, ci. 570,454,940

On aura. . . . . 695,467,021 fr. (1).

Il deviendroit nécessaire de compléter la somme de 720 millions qui paroît être le terme des impositions possibles en contributions indirectes, sur l'établissement desquelles il sem-

---

(1) La somme et la forme de ces impôts ayant été déterminées par la loi du 28 avril dernier, semblent ne devoir éprouver aucun changement, et le premier article du nouveau budjet en décréter la prolongation pendant le cours de l'année 1817.

bleroit convenable de consulter les différentes chambres de commerce, afin qu'aucune de celles qui seront imposées ne porte dommage à notre industrie; car il n'a jamais été plus indispensable de la ménager et de la favoriser soigneusement, puisque c'est de ses progrès et de ses succès que nous devons attendre quelques moyens de repomper en quelque sorte sur les étrangers, si j'ose m'exprimer ainsi, une portion des capitaux immenses qu'ils nous enlèvent.

L'état des dépenses extraordinaires pour les années 1817 et 1818 est de 290 millions, et peut être réduit pour les années 1819 et 1820 à 140.

La France présente 32 milliards de propriétés rurales, plus de 1600 millions de produit net, et la possibilité de 720 millions d'impôts: cette situation offre sans doute l'aspect le plus rassurant. Néanmoins, la comparaison de ses charges immenses avec ses revenus possibles détermine l'imminence de recourir à des emprunts, puisque cette grande fortune publique est évidemment insuffisante à la crise dans laquelle elle se trouve; mais la réalisation des emprunts nécessite le rétablissement du crédit et de la confiance, ainsi que l'éloignement de toutes les causes qui peuvent l'altérer.

(6)

Un gage positif avoit été donné par une loi solemnelle aux créanciers de l'arriéré ; il est indispensable de le leur restituer.

Les différents systêmes sur la dotation du clergé excitent des inquiétudes alarmantes ; il faut assurer cette dotation par des moyens convenables, prompts et tranquillisants.

La situation des acquéreurs des biens nationaux et des émigrés fait craindre la perpétuité d'une dissention menaçante ; il faut la faire cesser en consolidant de plus en plus la propriété des uns et décrétant l'indemnisation des autres.

Il n'est point de commerçants, de banquiers, de capitalistes nationaux ou étrangers qui n'attestent, d'un commun accord , que, sans ces opérations préliminaires , la réalisation d'un emprunt quelconque est absolument impossible.

C'est sur ces bases que nous allons proposer nos vues relativement au budjet de 1817.

Deux grandes institutions nous présentent la perspective de la plus importante utilité ; — la banque de France ; — la caisse d'amortissement.

Le systême d'entretenir des rentes flottantes destinées à couvrir les déficit de chaque année, s'oppose essentiellement à l'accroissement de la valeur des rentes consolidées , et offre par leur dégradation successive et inévitable le plus fatal résultat , dont notre propre expérience doit nous imprimer une conviction effrayante. — Nous proposerions de fermer le grand livre à la fin de cette année, au point où il se trouvera porté par les dispositions du budjet de 1816.

Nous proposerions ensuite d'assigner un fonds spécial au paiement des intérêts desdites rentes consolidées , qui seroit versé dans la caisse de la banque, et la banque chargée d'effectuer lesdits paiements.

La caisse d'amortissement, conformément au vœu de son institution, agiroit sur les rentes consolidées par le moyen du fonds spécial et indépendant de 20 millions qui lui sont destinés à cet effet, et pour lesquels elle est comprise dans l'état des dépenses ordinaires. — Nous proposerions de l'y comprendre pour une somme égale de 20 autres millions, également assignés sur un fonds spécial et indépendant.

Opération relative à l'arriéré.

Nous proposerions d'assigner à la caisse d'amortissement la totalité des forêts. — La portion qui seroit attribuée à l'acquittement de l'arriéré, le seroit exclusivement à cette destination, et le surplus deviendroit à cet égard une ampliation de gage qui pourroit être affecté aussi comme ampliation de gage à l'acquittement des engagements contractés avec les puissances étrangères, indépendamment du gage spécial qui leur seroit attribué.

Nous supposons que la totalité de l'arriéré s'élève à 400 millions. — Il sera distrait du gage général de la totalité des forêts 500 mille hectares pour le gage particulier de l'arriéré. — Il sera délivré aux créanciers dudit arriéré des contrats remboursables et négociables, qui seront inscrits sur un livre particulier à la caisse d'amortissement. — Ils porteront un intérêt de 8 pour 100 et remboursement chaque année d'un dix-huitième du capital. — Ce remboursement et ces intérêts annuels exigeroient, chaque année, 22 millions 222 mille 220 francs pour le remboursement, et 32 millions pour les intérêts, en tout 54 millions 222 mille

220 francs. — Il sera vendu tous les ans pour 34 millions de bois. — Le produit de ces ventes, ajouté aux 20 millions de fonds nouveau qu'il a été proposé ci-dessus d'affecter à la caisse d'amortissement , formeroit une somme de 54 millions et tant de 100 mille francs, dont 22 millions 222 mille 220 francs seroient employés, chaque année, au paiement des intérêts à 8 pour 100, et 34 au remboursement annuel.

Conformément à un calcul très exact, l'extinction de l'arriéré auroit lieu en moins de douze ans. — Les 20 millions ajoutés à l'état des dépenses, et assignés à la caisse d'amortissement sur un fonds spécial jusqu'à l'extinction de cette opération, pourroient, à l'époque de ladite extinction, devenir l'objet d'une diminution d'impôts d'une somme égale.

L'intérêt que les rentes consolidées donnent suivant le taux de la place rend indispensable d'assigner à ces contrats 8 pour 100, qui ne les mettront pas encore au pair. — On pourroit espérer que l'avantage d'un remboursement partiel annuellement y suppléeroit, mais pour établir la parfaite parité il pourroit être statué qu'à la fin de chaque année, il seroit délivré à chaque porteur de contrat un coupon additionnel d'intérêt qui seroit de la différence de 8 pour 100 à celui donné à cette époque par les rentes consolidées. — Si l'intérêt de ces rentes étoit au-dessous de 7, il ne devroit pas y avoir de diminution dans les 8 pour 100 des contrats, parcequ'ils sont une partie intégrante du remboursement par leur extinction progressive et cumulée.

Dotation du Clergé.

La dotation des ministres de la religion est comprise dans les budjets précédents pour 12 millions. — Dans le budjet de 1816 pour 5. — L'extinction des rentes viagères et des pensions pendant les années 1815 et 1816, donnera au moins deux millions, en tout 19 millions. — On peut y ajouter au moins 5 millions sur les pensions ecclésiastiques qui s'élèvent à 15 : ces 5 millions formant partie des traitements déja attribués, en tout 24 millions. — La dernière ordonnance du Roi qui règle la répartition des 5 millions portés au budjet de 1816 répand le plus grand jour sur l'étendue et la borne des besoins. — Il en résulte évidemment qu'en y ajoutant 4 millions par an, en tout 16 millions, tous les ministres de la religion seront con-

(11)

venablement dotés et les séminaires suffisam-
ment bien établis.—Les sommes déja attribuées
à un objet aussi essentiel, ou qui y seront ajou-
tées, peuvent être dès à présent et successive-
ment converties en rentes immobilisées, qui
formeront une propriété réelle et incommutable.— Ce mode est évidemment le plus convenable pour parvenir au but. — Il ne s'agit
pas d'examiner quel est celui qui pourroit le
mieux convenir à quelques individus ; en effet
quel est le but qu'on doit se proposer ? Le rétablissement et le maintien de la religion sont
menacés par la pénurie actuelle et la détresse
des ecclésiastiques utiles. Le mal est urgent,
général et uniforme : il exige un remède général, uniforme et prompt. — La lenteur nécessaire qui résulteroit de la dotation actuelle en
immeubles, rend vraiment inadmissible ce
moyen, qui, d'ailleurs par les frais de la pre-
mière répartition et ceux de l'entretien habi-
tuel, de la régie, des contributions, et des
avaries, nécessiteroit dans un temps où les
charges sont si immenses l'attribution d'un re-
venu double de celui qu'exigent les besoins
réels.

Indemnisation des Émigrés.

Nous proposerions de borner aux années

1815 et 1816 l'attribution faite au clergé de l'extinction des pensions et rentes viagères et de la destiner ultérieurement à l'indemnisation des émigrés. — Le budget du ministre de la guerre présente une somme de 40 millions en pensions de retraite, et de 25 millions en demi-solde. — Le trésor public est chargé en outre de 2 millions 700 mille livres de pensions militaires. Nous proposerions de destiner l'extinction annuelle de ces différentes sommes au même objet. — On peut évaluer l'extinction annuelle des rentes viagères, pensions ecclésiastiques, pensions de retraite militaire et traitements de demi-solde, à environ 4 millions. — 4 millions, pendant trois ans, donneroient 12 millions, et pendant quatre, 16 millions. — Ces 16 millions pourroient être convertis en rentes immobilisées, qui formeroient une propriété réelle et incommutable, et qui auroient l'avantage de se prêter facilement à la répartition. — Ces 16 millions en représenteroient au moins 27 ou 28 en immeubles, et atteindroient, s'ils ne surpassoient, la borne des indemnisations (1).

---

(1) Cet objet rempli, les extinctions ultérieures pourroient être attribuées à la caisse d'amortissement.

Avantages résultants des trois opérations préli-minaires.

1° La possibilité et la facilité de la réalisation d'un emprunt par le rétablissement du principe du crédit, et des bases de la tranquillité publique ;

2° La multiplication des transactions qui, en augmentant le produit des droits d'enregistrement, offriroit le moyen d'en diminuer le poids, et d'en corriger les défectuosités ;

3° La somme des capitaux, éteints aujourd'hui par la baisse des rentes consolidées, et qui, par leur élévation inévitable, seroient rendus à la masse de la fortune publique et de la circulation ;

4° La somme des capitaux paralysés par les inquiétudes sur la consolidation des propriétés, et qui seroient également rendus à la circulation et à la fortune publique ;

5° Le rétablissement et l'assurance de notre tranquillité intérieure, fondés sur ses seules et uniques bases, nous donneroient le droit de réclamer efficacement des puissances étrangères, conformément aux traités, la cessation de l'occupation de notre territoire à la fin de l'année 1818 ; si, à cette époque, nous étions

parvenus à cette heureuse situation , il résulteroit de cette évacuation des troupes étrangères, à dater du premier janvier 1819 , une
diminution de charge de 15o millions par an.

Comment seroit-il possible à qui que ce soit,
raisonnablement, patriotiquement, politique-
ment, et même religieusement, de persister, à
l'aspect de tant d'avantages résultant nécessai-
rement de ces opérations, dans des idées et
des vues qui s'opposeroient inévitablement à
leur efféctuation. —

Nous allons maintenant aborder le plan des
emprunts devenus possibles par l'effet des trois
opérations préliminaires.

Nous avons déja tracé celui qui est relatif à
l'acquittement de l'arriéré; nous allons déve-
lopper ceux qui sont nécessaires à la libération
des engagements contractés avec les puissances étrangères.

Ces engagements , comme nous l'avons dit ,
s'élèvent, pour les années 1817 et 1818, à
290 millions par an, et pour les années 1819
et 1820, à 140 millions.

Nous proposons d'assigner à la caisse d'a-
mortissement un fonds spécial de 90 millions
pour les années 1817 et 1818. — Il restera
pour ces deux mêmes années 200 millions à

emprunter par an. — Les recettes s'élèveront
à 720 millions, ainsi que nous l'avons établi
ou supposé plus haut. — Les dépenses ordinaires, portées par le budget de 1816, à 548
millions, se trouveront augmentées, 1° des
20 nouveaux millions attribués à la caisse d'a-
mortissement, 2° des 90 millions ci-dessus,
et s'élèveront ainsi à 658 millions.

Il sera ouvert, pour chacune des deux années 1817 et 1818, un emprunt de 200 millions; et, comme nous l'avons dit plus haut à
l'article de l'acquittement de l'arriéré, il sera
délivré aux prêteurs des contrats remboursables et négociables, inscrits sur le livre de la
caisse d'amortissement, et portant 8 pour 100
d'intérêt par an, et un remboursement du
dix-huitième du capital chaque année. — Le
dix-huitième du capital de 200 millions étant
11 millions 111 mille 110 francs, et les intérêts 16 millions — en tout 27,111,110 francs;
— et en y ajoutant 4 millions pour l'amélioration de la dotation du clergé, 31 millions 111
mille 110 livres; ainsi l'état des dépenses portées ci-dessus à 658 millions, se trouvera élevé
à 689 pour l'année 1817, et à 720 pour l'année 1818.

Les 90 millions attribués ci-dessus à la caisse

d'amortissement cesseront au premier janvier 1819, et pourront alors opérer une réduction de pareille somme dans les dépenses et les impôts; mais la réduction ne pourra être réellement que de 42 millions, parcequ'il faudra pourvoir aux emprunts de 140 millions dans les années 1819 et 1820. — Ces emprunts de 140 millions chacun exigeront chacun, pour le remboursement annuel d'un dix-huitième, 7,777,778 fr., et pour intérêt à 8 pour 100, 11,200,000 fr. — en tout 19,977,778 fr.; et en ajoutant 4 millions pour l'amélioration de la dotation du clergé, 23,977,778 fr., ou, pour arrondir la somme, 24 millions, et 48 millions pour les deux années, ce qui fait que la cessation des 90 millions ci-dessus n'opérera, au premier janvier 1819, qu'une réduction de dépenses et d'impôts de 42 millions.

Il résulte de ces développements que l'état des dépenses et des impôts étant, au premier janvier 1818, de 720 millions, il sera réduit, dès le premier janvier 1819, à 678.— Le même calcul d'extinction établi ci-dessus relativement au plan de l'acquittement de l'arriéré pouvant s'appliquer à celui de l'acquittement avec les puissances étrangères, il y aura, en moins de douze ans , extinction de chacun des emprunts.

Ainsi, l'arriéré se trouvant éteint au premier janvier 1829 , ainsi que l'emprunt ouvert en 1817, il y aura réduction possible des 20 millions attribués pour l'arriéré à la caisse d'amortissement , et de 27 millions pour l'emprunt de 1817, en tout, 47 millions ; ce qui pourra réduire les dépenses et les impôts de 678 millions à 631 millions. — Au premier janvier 1830 , il y aura réduction également possible de 27 millions par l'extinction de l'emprunt de 1818 , ce qui réduira les dépenses et les impôts de 631 millions à 604. — Au premier janvier 1831 , il y aura 20 millions de réduction possible par l'extinction de l'emprunt de 1819 , ce qui réduira les impôts et les dépenses de 604 millions à 584. Enfin , au premier janvier 1832 , il y aura une autre réduction possible de 20 millions ; ce qui diminuera les dépenses et les impôts de 584 millions à 564.

Nota. Il pourroit être possible de faire jouir les contribuables de la diminution de 720 à 678 millions dès le premier janvier 1817 , par l'emploi d'une ressource extraordinaire. —

Le cautionnement des charges nouvellement créées de commissaires priseurs pour Paris et les départemens ; — le prix qui pourroit être attaché à l'hérédité des offices judiciaires.

On paroît évaluer le produit de l'un et de l'autre à plus de 100 millions.

Nous le supposerons borné à 84.

Dans ce cas, on proposeroit d'en recevoir le montant en deux années ; — on en attribueroit 42 à 1817, et 42 à 1818. La diminution qui seroit ainsi opérée en 1817, ne porteroit plus la somme des impôts qu'à 678 millions ; — ce qui rendroit inutile la création des impositions indirectes proposées pour élever la masse des contributions de 695 à 720, et détermineroit une réduction réelle de 25, qui pourroit avoir lieu de préférence sur l'impôt direct.

La masse des impôts pourroit se maintenir ainsi à 678 millions, depuis le 1er janvier 1817 jusqu'au 1er janvier 1829, époque d'une réduction encore plus considérable par l'effet des plans proposés.

Toutes les diminutions de dépenses qui pourront résulter d'opérations économiques, et tous les accroissemens qui, par le cours naturel des choses, surviendront dans les impôts, tourneront en amélioration du plan.

Indépendamment de la portion des forêts désignées ci-dessus, comme ampliation de gage également attribué à ce titre à l'acquittement de l'arriéré, et à celui des engagements avec les puissances étrangères, il y aura pour ce dernier objet un gage spécial et particulier, et qui sera également affecté à la caisse d'amortissement.

Toutes les sommes destinées au paiement des intérêts annuels, et au remboursement du dix-huitième du capital de tous les emprunts relatifs à l'acquittement avec les puissances étrangères, seront distraites de l'impôt direct, de manière que les receveurs généraux seront tenus de verser dans la caisse d'amortissement leur obligation pour lesdites sommes dès le 1er janvier de chaque année, et qu'il sera statué que le récépissé de la caisse d'amortissement leur servira de quittance au Trésor public et à la Chambre des comptes.

Plan additionnel relatif à la formation du Budget de chaque Ministre.

Le budget général des dépenses présenté par le Ministre des finances se compose du budget particulier de chaque Ministre. — Le budget de chaque Ministre se compose des dépenses pour le personnel et pour le matériel.

Nous proposerions que chaque Ministre formât deux états distincts et séparés de l'un et de l'autre.

Si la proposition faite ci-dessus de charger la caisse de la banque du paiement des intérêts de la dette est admise, il paroîtroit possible de la charger du paiement du personnel de chaque ministère.

Il seroit établi dans chaque département une ou plusieurs commissions pour le matériel, qui seroit chargée d'en constater la nécessité ou l'utilité, et de discuter tous les marchés à faire en conséquence avec différentes compagnies ou individus. — Le montant des dépenses qui en résulteroit pourroit être également payé par la caisse de la banque aux époques convenues, et par les fonds qui y seroient versés à cet effet.

Il résulteroit, par l'ensemble de cette organisation, que la publicité des différents budjets, et des différents comptes de la caisse d'amortissement et de la caisse de la banque, leur serviroit de contre épreuve, et présenteroit à tous les yeux les lumières les plus certaines sur l'exactitude de l'emploi des fonds publics.

Observation particulière.

Les impôts décrétés par la loi du 28 avril dernier devant rester les mêmes pendant les années 1817 et 1818, il pourroit paroître convenable de former une commission, pendant ces années, qui seroit composée de membres de la Chambre des Pairs, de celle des Députés et de Conseillers d'Etat attachés au ministère des finances. — Cette commission pourroit être chargée 1° de travailler à former un plan d'égale répartition de l'impôt direct entre les différents départements; ce qui pourroit amener à déterminer la fixité de cet impôt ; opération qui, aux yeux de tous ceux qui ont approfondi la doctrine de l'établissement et de l'application des impôts, paroît être le complément de la meilleure administration possible.

2° De rechercher et d'approfondir tous les moyens d'améliorer la loi sur les boissons et sur le tabac, et de corriger les défectuosités de celle de l'enregistrement.

TABLEAU

De l'Opération arithmétique relative aux Emprunts proposés.

Cent millions empruntés avec remboursement d'un dix-huitième chaque année, et huit pour cent d'intérêt, doivent être remboursés, intérêts et capital, en douze ans. Les fonds des huit pour cent d'intérêt et du dix-huitième du capital à rembourser étant fait chaque année pendant les douze ans, et l'extinction progressive et cumulée des intérêts servant à accélérer le remboursement total.

Le 18ᵉ de 100 millions est 5,555,555 fr.
Intérêt à 8, en tout 13,555,555 fr.

EMPRUNT de 100 *millions remboursable en* 11 *ans* 7 *mois et* 3 *jours.*

f.　c.

Intérêts à 8 p. ⅌.　　8,000,000 00 ⎱
Paiement annuel.　13,555,555 56 ⎰　5,555,555 56
——————————
Reste dû à la fin de la 1ʳᵉ année . . . .　94,444,444 44

Intérêts. . . .　7,555,555 56 ⎱
Paiement annuel.　13,555,555 56 ⎰　6,000,000 00
——————————
Reste dû à la fin de la 2ᵉ année . . . .　88,444,444 44

Intérêts. . . .　7,075,555 56 ⎱
Paiement annuel.　13,555,555 56 ⎰　6,480,000 00
——————————
Reste dû à la fin de la 3ᵉ année . . . .　81,964,444 44

Intérêts. . . .　6,557,155 56 ⎱
Paiement annuel.　13,555,555 56 ⎰　6,998,400 00
——————————
Reste dû à la fin de la 4ᵉ année . . . .　74,966,044 44

Intérêts. . . .　5,997,283 56 ⎱
Paiement annuel.　13,555,555 56 ⎰　7,558,272 00
——————————
Reste dû à la fin de la 5ᵉ année . . . .　67,407,772 44

Intérêts. . . .　5,392,621 80 ⎱
Paiement annuel.　13,555,555 56 ⎰　8,162,933 76
——————————
Reste dû à la fin de la 6ᵉ année . . . .　59,244,838 68

Intérêts. . . .　4,739,587 09 ⎱
Paiement annuel.　13,555,555 56 ⎰　8,815,968 47
——————————
Reste dû à la fin de la 7ᵉ année . . . .　50,428,870 21

Intérêts. . . .　4,034,309 62 ⎱
Paiement annuel.　13,555,555 56 ⎰　9,521,245 94
——————————
Reste dû à la fin de la 8ᵉ année . . . .　40,907,624 27

Intérêts. . . .　3,272,609 94 ⎱
Paiement annuel.　13,555,555 56 ⎰　10,282,945 62
——————————
Reste dû à la fin de la 9ᵉ année . . . .　30,624,678 65

Intérêts. . . .　2,449,974 29 ⎱
Paiement annuel.　13,555,555 56 ⎰　11,105,581 27
——————————
Reste dû à la fin de la 10ᵉ année . . . .　19,519,097 38

Intérêts. . . .　1,561,527 79 ⎱
Paiement annuel.　13,555,555 56 ⎰　11,994,027 77
——————————
Reste dû à la fin de la 11ᵉ année . . . .　7,525,069 61

Ce reste 7,525,069 fr. 61 c. exprime la partie de 13,555,555 fr. 56 c.
que l'on doit prendre pour les 7 mois 3 jours.